Otto K. Deutelmoser

Die Finanzkrise

Otto K. Deutelmoser

DIE FINANZKRISE UND WIE SIE BEKÄMPFT WERDEN MUSS

Ein Beitrag eines Bankers alter Schule

ibidem-Verlag
Stuttgart

Bibliografische Information der Deutschen Nationalbibliothek
Die Deutsche Nationalbibliothek verzeichnet diese Publikation in der Deutschen Nationalbibliografie; detaillierte bibliografische Daten sind im Internet über http://dnb.d-nb.de abrufbar.

Bibliographic information published by the Deutsche Nationalbibliothek
Die Deutsche Nationalbibliothek lists this publication in the Deutsche Nationalbibliografie; detailed bibliographic data are available in the Internet at http://dnb.d-nb.de.

Coverabbildung: Mazeo / openclipart

∞

Gedruckt auf alterungsbeständigem, säurefreien Papier
Printed on acid-free paper

ISBN-13: 978-3-8382-0691-2

Printed in Germany

Inhaltsverzeichnis

Einführung 9

Die Finanzkrise 13

I. Die Schuldenkrise 15

Ist es richtig, diese Krise durch laufende Erhöhung der Schulden zu kurieren? – Andere Möglichkeiten, die Krise zu bekämpfen. Gedankliche Trennung von Casinowirtschaft und Haushaltsproblemen einerseits und der realen Wirtschaft andererseits.

II. Die Bank- und Börsenkrise 23

Die wichtigsten Veränderungen beim Angebot der Banken und beim Geschehen an der Börse: Hedgefonds; Umbau der Börse zu einem riesigen Spekulationszentrum; Over-the-counter-Geschäfte; Derivate und Zertifikate; Hochfrequenzhandel; Zweckgesellschaften; ›Kreditersatz‹. Derzeitige Gegenmaßnahmen: Regionale Ausdehnung der Bankenaufsicht; fragwürdige Regeln für Eigenkapitalvorsorge. Bisher nur ›faule Kompromisse‹.

III. Kreditgeschäft 35

Rückzug der Banken aus der Verantwortung. Durch laufende Erhöhung der Staatsschulden Verlagerung der Belastung auf Kinder und Kindeskinder.

IV. ›Eurokrise‹ 39

Der Euro ist nicht die Ursache der Probleme. Eine gemeinsame Währung ist kein Garant dafür, dass sich die Lebensverhältnisse angleichen.

V. Leistungsbilanzungleichgewicht 43

Das von Theoretikern in ihren Computerberechnungen entdeckte Leistungsbilanzungleichgewicht ergibt keinen Ansatz für eine Krisenbekämpfung.

VI. Die Zentralbank 45

Zuständig für was? Nicht für Staatsfinanzierung, nicht für Konjunkturpolitik und auch nicht für Transferzahlungen aus Gründen der Solidarität. Niedrige Zinsen helfen vor allem den Spekulanten und dienen kaum zu einer Konjunkturankurbelung. Leverage; Take-over-Branche / ›Heuschrecken‹. Besondere Problematik: Vergrö-

ßerung des Abstands zwischen Arm und Reich; Ermöglichung einer auskömmlichen Zinsmarge. Weitere Sünden der EZB: Absenkung der Sicherheitsanforderung; Targetsalden. Der Finanzausgleich zwischen EU-Staaten ist nur sinnvoll, wenn eine Art Bundesstaat geschaffen wird. Er ist nicht kompatibel mit dem gemeinsamen Markt.

VII. Einige Gründe für die krisenhafte Entwicklung 55

Regelung der Wirtschaftsvorgänge ausschließlich durch die Justiz ist unzureichend. Wirtschaftstheoretiker haben sich zu weit von der realen Wirtschaft entfernt, sie denken oft zu ›monokausal‹.

VIII. Bildungsstand der Bürger in Wirtschaftsfragen 65

Fehlende Kenntnisse über Wirtschaftsfragen bei den Bürgern führen vielfach zu Fehlurteilen; Gutmenschen.

Einführung

Es ist schon bemerkenswert, dass bei der Fülle von Beiträgen, Kritiken und Reformvorschlägen zur heutigen Finanzkrise so gut wie *keine Äußerungen eines Bankpraktikers* zu finden sind. Dabei ist es nach meiner Meinung zwingend notwendig, will man eine ernsthafte und griffige Analyse vorlegen, die Probleme mit der Sprache des Banktechnikers zu beschreiben.

Man kann vielleicht nicht sagen, dass die *Deregulierung* von Börse und Bankwesen an allem schuld sei. Aber ohne Deregulierung hätten sich die Krisen im Bank- und Börsenwesen kaum entwickeln können. Eine Reform in diesem Bereich bedeutet also, dass *neue Regulierungen* eingeführt werden müssen. Das wird nicht einfach. In jedem Fall ist eine Deregulierung wesentlich problemloser. Die für die Regulierung Zuständigen müssen lediglich erklären: »Nun macht, was ihr wollt.« Will man diesen Zustand zurückführen – und das ist unausweichlich notwendig –, muss sehr genau gesagt werden, welche Geschäfte, Institute und Usancen gemeint sind, wie diese zustande gekommen sind und worin die bisherigen Fehlentwicklungen begründet liegen. Erst dann kann man Änderungsvorschläge anbringen. Dabei ist es völlig sinnlos, an Stelle von klaren Vorschriften allgemeine Mahnungen zu artikulieren wie beispielsweise die häufig zu hörende Ermahnung, die Handelnden müssten wieder moralischen Leitlinien folgen. Dies ist kein Reformvorschlag. Keiner wird einem solchen Aufruf Folge leisten, da auch völlig unklar bleibt, was mit den ›moralischen Leitlinien‹ genau gemeint ist. Auch Feststellungen von Nationalökonomen, dass das Problem in den Leistungsbilanzungleichgewichten liege, führen in keiner Weise dazu, die Krise zu überwinden (siehe dazu Abschnitt V).

Es ist also zwingend notwendig, ins Detail zu gehen, eindeutige und konkrete Aussagen zu machen, und das in der Sprache der Bank- und Börsenpraktiker. Nur so können Reformpläne präzisiert und anschließend umgesetzt werden.

Damit soll nun nicht etwa der Anspruch erhoben werden, dass die hier skizzierten Anmerkungen so ausgearbeitet seien, dass sie bereits die Form eines exakten Reformvorschlags annähmen. Erreicht werden kann und soll aber der Beginn eines Umdenkens – das ist mein Ziel, und ich hoffe, dass meine Thesen in Zukunft in eine Diskussion über die Finanzkrise einbezogen werden.

Die Finanzkrise

Seit Jahren leiden die Bundesrepublik und andere Mitglieder der Eurozone unter einer *Finanzkrise.* Bei der Analyse der dabei auftretenden Probleme empfiehlt es sich, die Krise in zwei Teilkrisen aufzuspalten: die *Bank- und Börsenkrise* einerseits und die *Schuldenkrise* andererseits, die zwar nicht unabhängig voneinander bestehen, aber unterschiedlicher Interpretationen bedürfen.

Ich begann die Niederschrift dieser Aufzeichnungen kurz vor der Bundestagswahl am 22. September 2013 und war dabei sicher, dass meine Thesen nach der Wahl – ganz egal, wie sie ausgehe – nicht überholt sein werden. Wir haben es in der Tat nach der Wahl im Wesentlichen mit den gleichen Zuständen und Fakten zu tun, die vor der Wahl geherrscht haben. Ich hoffe allerdings, dass man nun etwas offener über die vielen Fehlentwicklungen reden kann, als dies zuvor der Fall war. Kritische Äußerungen erschienen zwar in den Medien – aber sie verhallten ohne Resonanz.

I. Die Schuldenkrise

Ist es richtig, diese Krise durch laufende Erhöhung der Schulden zu kurieren? – Andere Möglichkeiten, die Krise zu bekämpfen. Gedankliche Trennung von Casinowirtschaft und Haushaltsproblemen einerseits und der realen Wirtschaft andererseits.

Beginnen wir mit der *Schuldenkrise.* Es ist seltsam, kaum jemand wird bestreiten, dass eine solche bei uns besteht, wenn sie nicht ganz verdrängt wird. Sie bedeutet, dass vor allem die Staaten viel zu hoch verschuldet sind. Daraus ergibt sich zwangsläufig die Therapie: Diese Schulden müssen stark reduziert werden; wohlgemerkt: die bestehenden Schulden, und nicht die jährliche Neuverschuldung, die tapfere Politiker ›demnächst‹ beseitigen wollen. Verfolgt man die derzeitige Diskussion dieser Fragen, so gewinnt man den Eindruck, die Kommentatoren vermeiden möglichst den Ausdruck *Schuldenreduzierung* und begnügen sich mit der allgemeinen Forderung nach *Sparsamkeit.* Dies ergibt mehr Spielraum für mögliche

Reaktionen. Meist kommt dann auch umgehend der Ruf nach mehr Wachstum, das gegen die Erfahrungen der letzten Jahre alles wieder in Ordnung bringen soll. Dabei weiß niemand, wie ein solches Wachstum überhaupt in Gang gebracht werden kann. Und wenn wirklich ein weiteres Wachstum erzielt wird, dürfte es kaum ausreichen, die Staatsschulden entscheidend zu reduzieren. Gerne wird dabei betont, dass wir uns ›nicht zu Tode sparen‹ dürften. Was wir in der Realität tun, ist allerdings eher, dass wir uns ›zu Tode verschulden‹.

Die Bürger, vor allem aber die Politiker, die Nationalökonomen und die Kritiker in den Medien müssen sich endlich darüber klar werden, dass wir uns über Jahre, ja Jahrzehnte, alles, was uns erstrebenswert erschien, genehmigt haben, und zwar in hohem Maße *auf Pump*. Unser Wohlergehen beruht also zu einem großen Teil nicht auf einer gelungenen Wirtschaftspolitik, sondern weitgehend auf einer stets anwachsenden Verschuldung.

Die dabei entstandenen Schuldenberge sind leider nicht schmerzlos zu beseitigen. Abgesehen von dem bisher nicht praktizierten Versuch, *in allen Staatshaushalten Überschüsse einzuplanen*, die dann zur laufenden Reduzierung der Schulden verwendet werden, gibt es – soweit ich dies überblicke – drei verschiedene radikale Maßnahmen zur Beseitigung der Schulden: *die Großinflation*, *den konsequenten Forderungsverzicht* mit entsprechenden *Abschreibungen* oder *den im Chaos endenden Staatsbankrott.*

Als deutschem Bürger mit entsprechenden historischen Reminiszenzen drängt sich einem die Idee einer *Hyperinflation* am stärksten auf. Theoretiker, in der Praxis wenig erfahren, glauben, man könne die Inflation so steuern, dass die Folgen für die Bevölkerung nicht zu schwer wiegen. Ein solcher Versuch würde danebengehen, weil unsere Nationalökonomen eine solche ›regulierte Inflation‹ keineswegs im Griff behalten könnten.

Im Augenblick ist der Weg über die Inflation aber ohnehin nicht besonders aussichtsreich. In einer geschlossenen Volkswirtschaft, von der früher die Volkswirte meist ausgingen, reicht eine Überfülle an Liquidität natürlich aus, um eine inflationäre Entwicklung in Gang zu setzen. Ein solcher

Liquiditätsüberschuss liegt bei uns derzeit zwar vor, seit der *Globalisierung* ist dieser unter anderem verantwortlich für die *Steigerung der Börsenkurse* und der *Immobilienpreise.* Diese Auswirkungen werden gelegentlich ganz anschaulich *Vermögenspreisinflation* genannt. Eine durch den Liquiditätsüberschuss hervorgerufene *generelle Preiserhöhung* bei Investitionsgütern und Konsumwaren ist aber eher *unwahrscheinlich.* Länder wie China würden entsprechende Waren zu konstanten Preisen liefern und so eine Inflation verhindern. Die durch die Globalisierung stark erhöhte Konkurrenz sorgt heute für eine *relative Preisstabilität.* Diese ist nicht – wie immer wieder behauptet wird – einer erfolgreichen Geldpolitik der Zentralbanken zu verdanken.

Will man also den Staatsbankrott vermeiden, so bietet sich am ehesten eine *gemischte Vorgehensweise* an, bestehend aus *konsequentem Sparverhalten*, das wirklich zur Reduzierung von Schulden führt, und einer *Streichung* eines *großen Teils der Staatsschulden*, bei denen schon heute klar zu sehen ist, dass sie nie zurückgezahlt werden können.

Die *gegenwärtig* in der Eurozone *praktizierte ›Krisenpolitik‹ macht* leider genau *das*

Gegenteil. Gespart wird allenfalls in einem Rahmen, der in keiner Weise zur Reduzierung der Schulden ausreicht. Die anderen Maßnahmen der europäischen Staaten und der Zentralbank bestehen aus *nachträglichen Staatsgarantien* für finanzschwache Länder bzw. deren Schuldentitel mit Hilfe der sogenannten ›*Schutzschilde*‹ und von Seiten der Zentralbank: Aus einer *Freistellung* der die Staatsschulden finanzierenden Banken *von ihrer generellen Verpflichtung, für risikotragende Aktiva eine entsprechende Eigenkapitalquote zu halten.* Diese Freistellung erfolgte ausgerechnet in Zeiten einer beängstigenden Staatsschuldenkrise. Schließlich helfen *riesige Liquiditätsschübe* der Zentralbank fast zu *Nullzinsen* bei der Finanzierung der Schuldentitel.

Diese Reaktionen von Staaten und Zentralbank führen ausschließlich dazu, die auf Pump begründete expansive Wirtschaftspolitik fortzuführen. Nicht ein Euro der Staatsschulden wird durch diese Maßnahmen zurückgeführt, und die Hilfsmaßnahmen für die schwachen Länder haben laufende Schuldenerhöhungen zur Folge. So erreichte die Schuldenlast in den 18 Euro-Staaten zum 31.12.2013 einen neuen Rekordstand. Nach der Statistikbehörde EUROSTAT lag sie bei 92,6 %, gemessen an der gesamten Wirtschaftsleistung (Bruttoinlandsprodukt) der 18 Euro-Staaten. Ein Jahr zuvor lag die Quote bei 90,7 %, ein weiteres Jahr zuvor noch bei 87,4 % (EUROSTAT, Code tsdde410). Ermöglicht – das heißt finanziert – wurde diese Zunahme der Schulden durch die oben angeführten Maßnahmen, die die Banken veranlassten, weitere Schuldentitel zu übernehmen. Das sind nach einem Pressebericht der SÜDDEUTSCHEN ZEITUNG vom 22.07.2013 seit 2012 zusätzliche 400 Milliarden Euro.

Die entsprechenden Zahlen sind jedem zugänglich. Unverständlich ist, dass Politiker und Politikerinnen aber immer wieder erklären, nun habe man das Ende der Schuldenkrise bald erreicht. Der dringend notwendige Kampf gegen die Verschuldung hat indessen noch gar nicht begonnen.

Verwirrung bei der Diskussion dieser Fragen entsteht immer wieder, wenn zwischen der *Casinowirtschaft* und den derzeitigen *staatlichen Haushaltsproblemen* einerseits und der *realen Wirtschaft* andererseits nicht klar unterschieden wird. Im August 2013 wurden Fortschritte in der realen Wirtschaft freudig begrüßt, obwohl diese sehr bescheidenen Steigerungen kaum viel bewirken konnten. Viel schlimmer: Aufgrund dieser Entwicklung in der realen Wirtschaft wurde verschiedentlich die Hoffnung geäußert, dass die Finanzkrise nun bald ihr Ende fände. Das ist absurd.

Ohne Kenntnis (bzw. ohne Zur-Kenntnis-Nehmen) der Zahlen registriert der Bürger lediglich das Wohlleben, das er steigenden Schulden verdankt. Dieses Missverständnis gestattet es, den Beruhigungen der Politiker und Zentralbankleiter Glauben zu schenken.

Man fragt sich natürlich, wieso ein riesiger *Mainstream* konsequent auf die heutige Krisenbekämpfung setzt, obwohl sie ohne große Anstrengungen als falsch erkannt werden kann. Auch Sozialpsychologen befassen sich mit dieser Frage. HARALD WELZER erklärt das Phänomen mit einem *Gruppendenken*. Ist die Gruppe lang und entschieden konsequent in eine Richtung marschiert, so ist es für den einzelnen praktisch unmöglich, sich herauszulösen und zu widersprechen. Man sieht nur noch, was man sehen will. WELZER belegt seine Einsicht am Beispiel des Führungsteams der Zeitschrift STERN während des Hitler-Tagebuch-Skandals. Nachdem man nach und nach über 9,2 Millionen DM für die gefälschten Tagebücher gezahlt hatte, konnte es sich niemand in der Führungsspitze des STERN mehr leisten, Zweifel an deren Authentizität auszusprechen.

WELZER verweist dann darauf, dass es bei der *›Eurorettung‹* nicht anders zugeht. Es sind immer dieselben Leute, die die Krise managen. »Eine Korrektur würde den Akteuren ja abverlangen, womöglich nach Jahren und nach irrsinnigen Milliarden Verlusten zu sagen: ›Oh, sorry, das war falsch, jetzt machen wir es anders.‹ Aber das passiert nicht.«[1]

II. Die Bank- und Börsenkrise

Die wichtigsten Veränderungen beim Angebot der Banken und beim Geschehen an der Börse: Hedge Fonds; Umbau der Börse zu einem riesigen Spekulationszentrum; Over-the-counter-Geschäfte; Derivate und Zertifikate; Hochfrequenzhandel; Zweckgesellschaften; ›Kreditersatz‹. Derzeitige Gegenmaßnahmen: Regionale Ausdehnung der Bankenaufsicht; fragwürdige Regeln für Eigenkapitalvorsorge – bisher nur ›faule Kompromisse‹.

In der sogenannten *Bank- und Börsenkrise* treten eine Reihe von problematischen Erscheinungen zutage, die sich relativ leicht auf einen gemeinsamen Nenner bringen lassen. Es handelt sich fast durchweg um Institutionen und Praktiken, die aus früheren Vorgängen und Usancen entstanden sind, die damals im *Dienstleistungsbereich* Banken und Börse eine sinnvolle Rolle gespielt haben.

Die Änderungen erfolgten nach und nach und führten schließlich zu einer teilweise gegensätzlichen Wirkung, mindestens aber zu einer beachtlichen Umgestaltung der ursprünglichen Form. Diese Änderungen geschahen ohne intensive Diskussionen. Häufig wurden die neuen Sachverhalte weiterhin mit alten Bezeichnungen belegt, was gelegentlich zu erheblichen Fehlurteilen führte. Die Transformationen hatten eines gemeinsam, sie führten *weg von den segensreichen Dienstleistungsgeschäften* dieser Sparte zur *egoistischen Spekulation* der ehemaligen Dienstleister.

Zuvor wurden die Kunden von den Banken ohne eigene Interessennahme gut beraten. Die *Dienstleistungsangebote* der Banken *dienten dem Wohl der Kunden.* Plötzlich mussten viele Kunden aber feststellen, dass eine solche Hilfe der Banken (natürlich gegen Zins und Gebühr) nicht mehr gegeben war. Stattdessen traten die Kreditinstitute als Marktgegner auf und versuchten beispielsweise mit verbrieften Glücksspielen, zu Lasten des Kunden Vorteile für sich zu ergattern.

Die wichtigsten Beispiele der Funktionswandlung bei Angeboten der Banken und beim Geschehen an der Börse seien kurz aufgezählt:

Neue Marktteilnehmer – Neben den umgestalteten Banken entstanden *Hedgefonds* und andere *Schattenbanken*, deren verwaltetes Vermögen mitunter so riesig ist, dass bei Markttransaktionen kaum mehr sinnvolle Kurse entstehen können.

Neue Marktstrukturen – Die alte Börse, die schlicht ein Platz zum Handel mit Aktien und Festverzinslichen mit einer *Kursbildung nach Angebot und Nachfrage* war, wurde zu einem *Zentrum von Glücksspielen*, das einen völlig anderen Sinn und völlig andere Ergebnisse zeitigt. Die neue Börse ist daher nicht mehr in der Lage, vernünftige Börsenkurse zu liefern. *Rating-Agenturen* können die Bildung von Marktpreisen an der Börse ganz sicher nicht ersetzen.

Neue Märkte – Die Börse selbst wurde durch diesen Wandel zum gewinnorientierten Unternehmen, oft mit Interessen, die zu denen der Marktteilnehmer im Widerspruch stehen, die auch deswegen in der Folge versuchen, mit *Over-the-counter-Geschäften* die offizielle Börse zu umgehen, wodurch das *Börsengeschehen immer intransparenter* wird.

Neue Marktprodukte – *Derivate und Zertifikate*, die so gut wie keine nützliche Rolle in der realen Wirtschaft spielen und sehr oft nicht mehr als ›verbriefte Wetten‹ sind, die vor allem den ›Bankhaltern‹ Gewinn bringen.

Neue Methoden an der Börse – An der Effektenbörse sind *Hochfrequenzcomputer* eine wichtige Neuerung. Die Frage, wie und zu welchem Zweck diese eingesetzt werden, ist für einen Außenstehenden nicht zu beantworten. Immer wieder wird suggeriert, dass die Computer vor allem zur Arbitrage (also zum Kursausgleich der verschiedenen Börsen) eingesetzt würden. Das hieße, mit Kanonen auf Spatzen zu schießen, aber die einzelnen Börsenkurse (nach Angebot und Nachfrage zustande gekommen?) würden dadurch nicht beeinflusst.[2]

Ein so beschränkter Einsatz ist aber nicht sehr wahrscheinlich. Ursprünglich soll solcherart verwendete Software aus Modellen entwickelt worden sein, die in der Zeit des Kalten Krieges zum Einsatz kamen. Sie sollen, wie es heißt, von Physikern und Mathematikern nach spieltheoretischen Mustern entworfen worden sein. Die Aufgabenstellung bestand offensichtlich darin, die gegnerischen Verhaltensweisen zu erkunden und dann zu bekämpfen, ein Verfahren, das mit einer simplen Kursermittlung an der Börse wohl nichts gemein hat.

Gelegentlich versagt auch die den Handelscomputer steuernde Software, wodurch völlig überraschende Kursausschläge entstehen.

Überall wo der Computerhandel die Börsenkurse des einzelnen Börsenwertes beeinflusst, wo er die die Wirtschaftsentwicklung verfolgenden Börsenhändler ersetzt, gehört er von der Börse entfernt. Wer überwacht diese Vorgänge?

Dass bei solchen Vorgängen zusätzliche Risiken entstehen, wird erkannt. Die Gegenmaßnahmen bleiben aber praktisch im üblichen Rahmen:

1. Die *Bankenaufsicht*, die bisher völlig versagt hat, soll auf die gesamte EU ausgedehnt werden. Dabei wird aber nicht geklärt, wie Börse und Bankwirtschaft korrekt aussehen sollen. Es bleibt bei den Aufsichtsbehörden, ihren Verantwortungsbereich selbst zu bestimmen, indem sie eine Sollstruktur vorgeben. Eingriffe in das praktische Geschehen bei den Geschäftsbanken sind sehr selten. Insgesamt ist die Aufsicht ziemlich machtlos gegen den *›Staat im Staat‹ der Banken.* Vor allem die

Großbanken werden offensichtlich nur zurückhaltend überwacht, in sachlicher wie personeller Hinsicht.

Geklärt werden müsste zum Beispiel auch, wer die sogenannten *Zweckgesellschaften*, das heißt Tochtergesellschaften der Geschäftsbanken, die meist an obskuren Orten eingerichtet sind, überwachen soll. Bisherige Erfahrungen zeigten, dass diese Überwachung am Sitz der Zweckgesellschaft nicht ausreicht. Die Verantwortung für das Geschäftsgebaren der ›Töchter‹ liegt bei der ›Mutter‹, ob diese eine korrekte Bürgschaft geleistet hat oder nicht. Das hat zur Folge, dass die Aufsichtsbehörde, die für die ›Mutter‹ zuständig ist, auch die Geschäftsvorfälle bei den Zweckgesellschaften überwachen muss.

2. Bei der Verbesserung der *Eigenkapitalausstattung* versucht man die *zu erwartenden Risiken* zu erfassen und zu bewerten, um dann eine notwendige Kapitalausstattung für die einzelnen Risiken zu berechnen. Diese Berechnung durch Computer erfolgt zweifelsohne sehr exakt. Problematisch ist aber die dieser Berechnung zugrunde liegende Software. Beispielsweise gelten Staatspapiere nach den

noch gültigen regulatorischen Vorschriften als risikolos. Für sie muss also kein Eigenkapital vorgehalten werden.

Zum besseren Verständnis muss auf eine weitere erhebliche Veränderung im Bankwesen hingewiesen werden. Die Finanzierung der langfristigen Schulden erfolgte traditionell über Bankkonsortien. Bei Geldbedarf verhandelte die Konsortialführung mit dem Finanzminister über die Höhe der Anleihe, über Zinssatz, Laufzeit etc. Dann übernahm das Konsortium die ganze Anleihe und die zu dem Konsortium gehörenden Banken verkauften sie fast restlos (falls die Konditionen stimmten) an ihre Kundschaft, Kapitalsammelstellen und Private.

Heute verkauft der Staat – ohne Vermittlung eines Konsortiums – seine Schuldpapiere direkt an die Banken, die davon sehr wenig an ihre Kunden weitergeben; stattdessen behalten sie die Papiere bis zu einem gewissen Grad im eigenen Bestand als ›*Kreditersatz*‹. Für den Kreis der früheren Anleger sind die angebotenen Zinsen viel zu niedrig.

Für die Banken wurden die *Staatspapiere als Anlage interessant gemacht*, indem sie für diese – wie erwähnt – *keine Eigenkapitalquote* vorhalten müssen. Der von der Zentralbank praktisch *zum Nulltarif* zur Verfügung gestellte *Überfluss an Liquidität* ermöglicht eine günstige Finanzierung. Und schließlich können die Banken damit rechnen, dass ihnen im Ernstfall das *Risiko abgenommen* wird.

Wenn die Zentralbank als *Bank der (Geschäfts-)Banken* dem Bankensystem Kredit gewährt, ist dies rein formal korrekt. Als *Hüterin der Währung* müsste sie allerdings die Verwendung dieser Gelder überwachen, was sie nicht tut. Erwerben die Geschäftsbanken mit diesem Zentralbankgeld staatliche Schuldentitel, so finanziert – indirekt – die Zentralbank den Staat. Die mit Zentralbankgeld erworbenen Staatspapiere haben die gleiche Funktion wie im Dritten Reich die sogenannten *Mefo-Wechsel mit Diskontzusage der Reichsbank* bei Hitlers Aufrüstung. Dass die Zentralbank dabei die Staatsschuldverschreibungen nicht direkt erwirbt, ist in der Auswirkung nicht von Bedeutung. Mit diesem System hilft die EZB die immensen Staatsschulden zu plazieren. Dieses Vorgehen muss beendet werden!

Das System hat noch eine weitere *sehr negative Folge*: Für die früher *den Kunden gewährten Bankkredite ist in den Bilanzen der Banken kaum noch Platz vorhanden.*

Kurioser noch als die ›klassischen Maßnahmen‹ gegen die Krise sind *die Reformpläne bei den einzelnen Risiken.* So werden die *Derivate* keineswegs von den Behörden geprüft, um gegebenenfalls nicht zugelassen zu werden. Der Staat verlangt von den Banken lediglich ›*Hinweise auf Risiken*‹ beim Verkauf dieser hochriskanten Papiere an die Kundschaft.

Der Einsatz der *Hochfrequenzcomputer* sollte mindestens so weit eingeschränkt werden, dass er das Entstehen der amtlichen Börsenkurse nicht beeinflussen kann.

Die bereits durchgeführten und geplanten weiteren Regelungen riechen nach *faulen Kompromissen,* entstanden in den Verhandlungen mit den Banken. Sie hinterlassen den Eindruck, sie dienten nur zur Vermeidung des Vorwurfs, dass nichts geschieht. *Praktisch bleibt aber alles beim Alten* und die Banken betreiben ihre Spekulationsgeschäfte ungehindert weiter. Dabei werden *keinerlei Werte geschaffen;* es entstehen aber große Spielgewinne, mit denen die Spekulanten sich an den Warenmärkten bedienen können. *Mit der klassischen Arbeitsteilung haben diese Vorgänge nichts mehr zu tun.* Die erzeugten Waren und die angebotenen Dienstleistungen werden normalerweise am Markt abgesetzt, wobei die Preise nach Nachfrage und Angebot entstehen. Wettbüros und Spielcasinos haben am Markt nichts zu suchen (siehe hierzu auch Abschnitt VI).

Soweit ich es übersehe, verlangt derzeit niemand die einzig richtige Lösung: Ein *komplettes Verbot* dieser verhängnisvollen Neuerungen, dieser *Defektmutationen,* wenn ich diesen Ausdruck aus der Entwicklungslehre benützen darf. Dabei entstünde bei einem Verbot nirgends ein Schaden, außer bei den Spekulanten selbst, aber diese besitzen kein Grundrecht auf Spekulationstätigkeit.

Die Ursache für die verfahrene Situation liegt offensichtlich in der *Machtkonzentration der Banken*, die als *Staat im Staat* die Behörden so klein halten, dass diese zu entscheidenden Reformen nicht in der Lage sind. Das ist aber auf die Dauer keine Lösung. Wir brauchen in Politik und Verwaltung Fachleute, die sich ihre *Beratung nicht ausgerechnet bei denen holen, deren Handlungen kontrolliert werden sollen.*

Natürlich bilden die *europäischen Absprachen* ein zusätzliches Problem; wir können nicht allein entscheiden. Das kann aber nicht bedeuten, dass wir alles so weiter laufen lassen wie bisher. Es muss endlich eine gründliche Diskussion geführt werden. Mit dem jetzt *vorherrschenden Mainstream* unter fragwürdiger Führung werden die aufgezeigten Probleme nie gelöst.

III. Kreditgeschäft

Rückzug der Banken aus der Verantwortung. Durch laufende Erhöhung der Staatsschulden Verlagerung der Belastung auf Kinder und Kindeskinder.

Bei den vielen ungelösten Problemen erscheint mir eine Sache besonders folgenschwer, die *Entwicklung des Kreditgeschäfts*. Längerfristige Kredite wurden traditionellerweise vorwiegend auf Effektenbasis abgeschlossen. Die dabei entstandenen *Schuldverschreibungen* konnten (und können natürlich immer noch) – falls man einen Käufer findet – abgestoßen werden, und der Vorbesitzer trägt keinerlei Risiko mehr.

Ganz anders verfuhr man bei *Bankkrediten*. Hier blieb der Kreditgeber bis zur Rückzahlung bzw. zur Zahlungsunfähigkeit des Kreditnehmers selbstverständlich im Obligo. Bei Zahlungsunfähigkeit des Schuldners musste der Gläubiger, also die Bank (bzw. der Inhaber entsprechender Schuldverschreibungen), mit ersterem verhandeln. Falls es keine Einigung gab, *musste der Gläubiger* auf die miesen Kredite *voll oder teilweise Verzicht leisten*. Gab es auch hierüber keine Einigung, *musste der Schuldner Konkurs anmelden* und für die Abwicklung sorgte dann der *Konkursverwalter*.

Seit Jahren versuchen sich die Banken vor diesen Konsequenzen zu drücken, zuerst durch *›Verbriefung‹ von Forderungen*, die anschließend regresslos verkauft werden; das ist eine für den Schuldner sehr fragwürdige Entwicklung.

Im großen Stil verstanden es die Banken, ihre Verantwortung bei Beginn der Krise weitgehend außer Kraft zu setzen. Die Staaten, die wegen ihrer überdimensionierten Schulden in besonderem Maß auf die Banken angewiesen sind, sprangen ein und versuchten die längst *konkursreifen Schuldner* – allen voran *Griechenland* – durch laufende Zahlungen *künstlich am Leben zu erhalten*, bis jetzt in Höhe von knapp 240 Milliarden Euro seit 2010, unterstützt durch eine völlig verfehlte Geldpolitik der Zentralbank. Dabei diente diese riesige Summe nicht dazu, die Not der Griechen zu mildern. Sie wurde vor allem dazu verwendet, den Schuldendienst des griechischen Staates zu gewährleisten, damit die Banken keine Abschreibungen vornehmen müssen. Durch ein solches Verhalten wird der drohende und kaum vermeidbare Zusammenbruch keineswegs verhindert, sondern lediglich hinausgeschoben. Früher nannte man das im privaten Bereich *Konkursverschleppung*. Dabei verstärkt sich das Problem von Hilfsmaßnahme zu Hilfsmaßnahme durch weiteres Anwachsen der Schulden. Hier liegt einer der wichtigsten Fehler im Umgang mit der Schuldenkrise – natürlich neben der Unfähigkeit der Regierungen, ihren Haushalt in Ordnung zu halten.

Schlimmer noch ist vielleicht, dass bei dieser Vorgehensweise das *Verantwortungsgefühl der Banker* nach und nach ganz verschwindet. Die leitenden Vertreter der Banken fühlen sich für eine korrekte Abwicklung der Kreditverhältnisse nicht mehr zuständig. Bei Fälligkeit der Schulden gilt es lediglich, geschickt mit dem Staat zu verhandeln, damit dieser hilft, eine Abschreibung zu verhindern – nämlich durch Schuldenübernahme zu Lasten des Steuerzahlers, allerdings meist *nicht zu Lasten der heutigen Steuerzahler, sondern der künftigen, also unserer Kinder und Kindeskinder.* Wir werden die heutige Krise nur dann bewältigen können, wenn die handelnden Personen wieder Verantwortung übernehmen und sich im Ernstfall nicht davonstehlen können.

Es stellt sich die Frage, ob die Bankleute dabei selbst wieder *die Kreditbeurteilung der Kunden* übernehmen müssen. Von Vorteil wäre das zweifellos, aber sind die Banker dazu heute noch in der Lage?

Dazu noch eine Bemerkung: Die Finanzierung des Wiederaufbaus nach dem Zweiten Weltkrieg ausschließlich mit der Hilfe von Rating-Agenturen wäre kaum möglich gewesen.

IV. ›Eurokrise‹

Der Euro ist nicht die Ursache der Probleme. Eine gemeinsame Währung ist kein Garant dafür, dass sich die Lebensverhältnisse angleichen.

Immer wieder fällt bei der Diskussion der heutigen Wirtschaftslage der Terminus *›Eurokrise‹*, der die Situation mehr verschleiert als einer sachlichen Klärung dient. Kein Zweifel, dass in einem großen Schlamassel, auf das wir wohl zutreiben, auch die Währung Euro Schaden nehmen wird. *Der Euro*, unsere Währung, ist aber *in keiner Weise Ursache der Probleme.*

Kritiker des Eurosystems stört vor allem, dass die einzelnen Euroländer keine eigene Währungspolitik mehr betreiben können, so dass die Krisenstaaten ihre ins Kraut schießenden Löhne und Preise nicht mehr durch eine *Abwertung* relativieren können. Das war aber bei Schaffung des Eurosystems ausdrücklich gewollt, und alle beitretenden Länder wussten, dass diese Ausflucht, bei der immer die Gefahr eines Wettlaufs der Abwertungen besteht, nun nicht mehr möglich ist.

Die *Zentralbank* als reine *Hüterin der Währung* bringt kaum besondere Probleme mit sich. Viele Probleme entstehen erst, wenn *die Zentralbank ihre Aufgaben willkürlich erweitert* und damit anfällig wird, etwa wenn sie sich ohne Auftrag *für die Konjunktur verantwortlich* fühlt. Genauso risikoreich wird es für die Zentralbank, wenn sie aus einer *hier nicht sinnvollen Solidarität mithilft, Transferzahlungen* in nicht so leistungsfähige Länder *vorzunehmen* (siehe hierzu Abschnitt VI). Dass solche Probleme auftreten könnten, erkannte man schon bei der Schaffung des Eurosystems, und darum wurde bereits im *Maastricht-Vertrag* unter anderem festgelegt, dass zwischen den Mitgliedsstaaten *keine* solchen *Transferzahlungen* stattfinden dürfen. Wenn diese *vertraglichen Verabredungen* schon nach kurzer Zeit *durch die Politiker gebrochen* wurden, ist das ganz sicher nicht die Schuld des Euro.

Unverständlich ist auch die immer wieder vorgebrachte *Forderung nach Austritt aus der Währungsunion,* und zwar bei zu erfolgreichen wie bei erfolglosen Mitgliedern. In einer Währungsunion müssen die Mitglieder aber keinen gleichen Entwicklungsstand bzw. keinen gleichen Wohlstand besitzen. Arm und Reich können dieselbe Währung benützen, und *eine gemeinsame Währung darf nicht als Garant dafür angesehen werden, dass sich die Lebensverhältnisse angleichen.*

Die heutigen Probleme liegen bei den immensen Staatsschulden und bei den Fehlentwicklungen im Bankensystem und an der Börse. Hier müssen die Reformmaßnahmen ansetzen. Das *Eurosystem* sollte dabei *in keiner Weise in Frage gestellt* werden.

V. Leistungsbilanzungleichgewicht

Das von Theoretikern in ihren Computerberechnungen entdeckte Leistungsbilanzungleichgewicht ergibt keinen Ansatz für eine Krisenbekämpfung.

Zur Finanzkrisenanalyse noch eine Variation: Einige Nationalökonomen sehen ein Hauptproblem bei der Krise in den *Leistungsbilanzungleichgewichten.* Ganz gefangen in ihrem gelegentlich naiven Kreislaufdenken (mit einem falsch definierten *›homo oeconomicus‹* und vorausgesetzten *Ceteris-paribus-Bedingungen*, die es in der Realität nicht gibt; ihre monokausale Argumentation führt sehr oft in die Irre) fordern sie, die schwachen Länder zu unterstützen, oder die reichen Länder werden aufgefordert, ›zurückzustecken‹, also ihre Leistungen an die der schwachen Länder anzupassen.

Die Leistungsbilanzungleichgewichte dürften aber unter anderem dadurch entstehen, dass die leistungsschwächeren Länder bestrebt sind, einen ähnlichen Lebensstandard zu erreichen wie die leistungsstärkeren Länder. Letztere liefern ihnen gerne die dazu notwendigen Waren und sind leider auch bereit, solche Importe der schwächeren Länder beispielsweise mit *Target-Krediten* (siehe Abschnitt VI) zu finanzieren.

Nochmals sei an dieser Stelle darauf hingewiesen, dass die weniger erfolgreichen Länder ohne Probleme in der Eurowährung bleiben können, auch Griechenland, das wesentlich vom Fremdenverkehr und der Landwirtschaft lebt. Erhält ein solches Land seine internationale Wettbewerbsfähigkeit mindestens in diesen Bereichen, würde es bald interessant für ausländische Investoren werden. Gelder, die aus Gründen der Solidarität für Konsumzwecke zur Verfügung gestellt werden, wirken dagegen eher kontraproduktiv.

Dies war übrigens auch das Problem der *ehemaligen DDR* nach der Wende. Auf Drängen der Gutmenschen in der alten Bundesrepublik wurden Löhne und Preise zu schnell an das westliche Niveau herangeführt. Dadurch blieben die neuen Bundesländer lange Zeit für Investoren uninteressant.

VI. Die Zentralbank

Zuständig für was? Nicht für Staatsfinanzierung, nicht für Konjunkturpolitik und auch nicht für Transferzahlungen aus Gründen der Solidarität. Niedrige Zinsen helfen vor allem den Spekulanten und dienen kaum zu einer Konjunkturankurbelung; Leverage; Take-over-Branche / ›Heuschrecken‹. Besondere Problematik: Vergrößerung des Abstands zwischen Arm und Reich; Ermöglichung einer auskömmlichen Zinsmarge. Weitere Sünden der EZB: Absenkung der Sicherheitsanforderung; Targetsalden. Der Finanzausgleich zwischen EU-Staaten ist nur sinnvoll, wenn eine Art Bundesstaat geschaffen wird. Er ist nicht kompatibel mit einem gemeinsamen Markt.

Von einer *Zentralbank* wurde nach dem Zweiten Weltkrieg – unter anderem nach den Erfahrungen im Dritten Reich – eine sehr zurückhaltende, *stabilitätsorientierte Geldpolitik* erwartet, *in gar keinem Fall eine Finanzierung von Staatsschulden.* Für alle Beteiligten galt, dass die Notenpresse hierfür nie mehr eingespannt werden dürfe.

Auch in der *Konjunkturpolitik* war der Zentralbank nur eine Nebenrolle zugedacht. Die Europäische Zentralbank ist vorrangig der Preisstabilität verpflichtet und nicht zu einer eigenständigen Wirtschaftspolitik ermächtigt; sie darf die allgemeine Wirtschaftspolitik in der Union lediglich unterstützen[3].

Bei ihren Investitionsentscheidungen richteten sich die Unternehmen fast ausschließlich nach dem *Markt* und weniger nach den *Zinsänderungen* der Zentralbank. Wären wir weiter bei dieser Grundhaltung geblieben, hätten wir vermutlich weniger Probleme, mit denen wir heute zu kämpfen haben.

Leider wurden diese Grundsätze aber von den Zentralbanken unter Führung der amerikanischen völlig über den Haufen geworfen. Die neue Tendenz: *Laufende Zinssenkungen* praktisch bis zur Nullgrenze, gepaart mit überreicher und *leichtfertig zur Verfügung gestellter Liquidität*, zumeist mit der fadenscheinigen Begründung, man wolle damit die Konjunktur ankurbeln. Man darf heute feststellen, dass das vorgeblich angestrebte Ziel nicht erreicht wurde. Die Unternehmen dachten nicht daran, etwa aufgrund einer Zinssenkung um ¼ Prozent Investitionen vorzunehmen.

Die extrem *niedrigen Zinsen* und die *überbordende Liquidität* wurden stattdessen *von Spekulanten benutzt*, um Immobilien zu kaufen und die Börse laufend in die Höhe zu treiben, ohne Blick auf die reale Wirtschaft. Dabei wurden die einzelnen spekulativen Schritte mit Krediten unterstützt (*leverage*). Die überdimensionierte Liquidität trug auch zu dem unerquicklichen *Firmenhandel* in der *Take-over-Branche* durch sogenannte *Heuschrecken* bei.

Die Zentralbanken haben sich mit dieser ziemlich fragwürdigen Geldpolitik in eine sehr ungünstige Situation gebracht. Die derzeitige *fast zinslose Zeit* aufzugeben wird äußerst schwierig, da bei jeder Zinserhöhung die *Zinslast der Schuldnerländer* unerträglicher werden wird.

Noch wesentlich wichtiger erscheint mir, dass *durch die Niedrigzinspolitik der Abstand zwischen Reich und Arm immer größer wird.* Die großzügige Finanzierung der Spekulanten ermöglicht es ihnen, ihre unerfreulichen Geschäfte weiter auszudehnen. Durch die so ständig steigenden Börsenkurse werden auch selbst nicht spekulierende Bürger mit größeren Aktiendepots laufend wohlhabender.

Die SÜDDEUTSCHE ZEITUNG[4] führt hierzu aus (nach Äußerungen von KLAUS-GEORG MEYER, Experte der Beratungsgesellschaft Capgemini Consulting), 2007 habe das verfügbare Vermögen der Millionäre (›High Net Worth Individuals‹) weltweit bei 40,7 Billionen Dollar gelegen, um 2008 auf 32,8 Billionen Dollar abzurutschen. 2012 lag dieser Wert wieder bei 46,2 Billionen Dollar. Bis 2015 soll der Betrag auf 55,8 Billionen Dollar anwachsen. Die zugrunde liegende Studie zeigt, dass die Superreichen ihr Vermögen vor allem mit Aktien und Immobilien vermehren. Der letzte Vermögenszuwachs sei vorwiegend durch rasant kletternde Kurse an den Aktienmärkten begründet.

Auf der anderen Seite konnten wirtschaftlich Schwächere bei einem generell höheren Zinsniveau durch *Zins- und Zinseszins* ein – wenn auch bescheidenes – Vermögen aufbauen. Dies ist bei den heutigen Verhältnissen völlig ausgeschlossen. Die *Niedrigzinspolitik* trifft natürlich auch Versicherungen, Stiftungen und andere Kapitalsammelstellen, von denen bisher nur zurückhaltender

Protest erfolgt. Der Staat zeigt keine Tendenz, die eigentliche Ursache für die Probleme – also die Niedrigzinspolitik – zu beseitigen, sondern versucht lediglich die schlimmsten Folgen bei den Kapitallebensversicherungen etwa durch das Lebensversicherungsreformgesetz (LVRG) zu vermeiden. Dabei verlieren die einzelnen Verträge beachtlich an Wert. Man packt die Probleme nicht an der Wurzel, sondern versucht lediglich die schlimmsten Folgen einer falschen Politik abzumildern.

In der Diskussion werden die unerfreulichen sozialen Folgen einer unsinnigen Geldpolitik oft gedankenlos einfach dem ›Kapitalismus‹ angelastet.

Ein weiterer Grund spricht für eine baldige und erhebliche *Anhebung des gesamten Zinsniveaus.* Wenn wir darangehen, die neu entstandenen Investmentbanken und die ›Parkstellen‹ für Kreditersatz bzw. Staatsschulden wieder in normale Kredit- bzw. Geschäftsbanken zurückzuverwandeln – und das sollte bald geschehen –, müssen diese lebensfähig sein. Das heißt, sie müssen bei Dienstleistungen angemessene Gebühren berechnen können, und vor allem muss zwischen Soll- und Habenzinsen eine *Zinsmarge (einschl. Risikoprämie)* bestehen, die ausreicht, die anfallenden Kosten zu tragen. Bei Nullzinsen ist eine solche Marge nur schwer darstellbar. Sie ist wesentlich einfacher bei einem Zinsniveau von mehreren Prozenten zu erreichen.

Sollten solche Voraussetzungen geschaffen werden, so bleibt die auch in früheren Jahren bestehende Gefahr, dass die Banken durch aggressiven und ruinösen Wettbewerb Gebühren und Zinsmarge minimieren. Ob dieser Gefahr durch ein *›vorsichtiges Zinskartell‹* begegnet werden soll, wie es nach dem Zweiten Weltkrieg bestand, kann heute nur schwer vorausgesagt werden.

Mit dem bisher Ausgeführten ist das Sündenregister der Europäischen Zentralbank noch keineswegs komplett. Neben der oben skizzierten ›offiziellen Geldpolitik‹ sind weitere Praktiken der EZB verantwortlich für riesige Ströme von Liquidität in die Schuldnerländer, niemals offiziell und korrekt beschlossen.

Wenn man die derzeitige Krisenpolitik kritisiert, unter anderem die Transferzahlungen von reichen zu ärmeren Ländern, hört man oft als Vorwurf, das sei ›*anti-europäisch*‹. Von einem guten Europäer wird offensichtlich erwartet, dass er immer ›*mehr Europa*‹ fordert. Das läuft darauf hinaus, dass man eine Art europäischen Bundesstaat anstrebt, in dem dann großzügige *Solidarität* verordnet werden kann. Diese Forderung ist aber in keiner Weise kompatibel mit der derzeitigen Wirtschaftsverfassung der EU. Wir haben *keinen Bundesstaat mit Finanzausgleich*, sondern lediglich einen – allerdings segensreichen – *gemeinsamen Markt*. Beim Marktgeschehen kann aber allenfalls eine gewisse ›Fairness‹ gefordert werden, nicht aber ›Solidarität‹. Die Marktteilnehmer müssen aus eigener Verantwortung handeln, keineswegs dürfen sie sich auf die Solidarität der Konkurrenten verlassen.

Hier sei auf zwei Vorgehensweisen der EZB hingewiesen, die zu gewaltigen Transferzahlungen führen: 1. *Die Absenkung der Sicherheitsanforderungen* sowie 2. *Die Targetsalden.*

Ad 1: Die Geschäftsbanken erhielten in der Vergangenheit das von ihnen benötigte Zentralbankgeld auf zwei verschiedenen Wegen: Durch *Rediskontierung* ihrer Handelswechsel bei der Notenbank und durch sogenannte *Lombardkredite.* Letztere sind Kontokorrentkredite der Zentralbank gegen die *Hinterlegung einwandfreier Sicherheiten.* Die Lombardkredite waren ein Prozent teurer als die Diskontkredite und als schnelle Hilfe bei ganz kurzfristigem Liquiditätsbedarf gedacht.

Diese Gepflogenheiten wurden inzwischen völlig geändert. Die Laufzeit der Lombardkredite wurde auf bis zu drei Jahre ausgedehnt. Folgenschwerer dürfte sein, dass die Zentralbank nach und nach ihre Anforderungen an die Sicherheiten derartig im Niveau senkte, dass die hinterlegten Papiere kaum mehr als Sicherheit angesehen werden können. Diese überaus großzügige Regelung erfolgte, als klar wurde, dass die *Geschäftsbanken in den schwachen Ländern über keine werthaltigen Sicherheiten mehr verfügen.*

Man ging sogar so weit, *ABS-Papiere*[5] zu akzeptieren – vergleichbar mit den Derivaten, mit deren Hilfe die Investmentbanken Anfang des Jahrhunderts ihre faulen Hypothekenkredite aufgespaltet, mit anderen Risiken vermischt und dann angeboten und verkauft haben. Solche Papiere – natürlich nicht handelbar – dienen jetzt als ›Sicherheit‹ für Zentralbankkredite[6].

Ad 2: Über die *Targetsalden* schreibt HANS-WERNER SINN in seinem Buch ›Die Target-Falle‹[7] sehr ausführlich – nach meinem Gefühl zu ausführlich, wodurch die Vorgänge nicht unbedingt erhellt werden.

Ich meine, es genügt ein einfacher Hinweis auf die doppelte Buchführung, um die geübte Praxis verständlich zu machen. Bei einer Lieferung von einem der Exportstaaten an einen der sogenannten GIIPS-Staaten (Griechenland, Irland, Italien, Portugal und Spanien) – etwa von der Bundesrepublik an Griechenland – zahlt der griechische Importeur den Gegenwert seiner Einfuhr an die griechische Zentralbank. Sie bittet die Bundesbank, den Betrag an den deutschen Exporteur zu überweisen, was diese auch tut. Auf einen Saldenausgleich zwischen den beiden nationalen Notenbanken wird jedoch verzichtet. Die Forderung wird nur festgehalten, ›es wird angeschrieben‹. Würden sofort nach dem Vorgang die nationalen Notenbanken (innerhalb der EZB) konsolidieren, würden sich die beiden offenen Posten ausgleichen. Bis zur tatsächlichen Konsolidierung dürfte der Überschussposten der griechischen Zentralbank aber längst dazu benutzt worden sein, andere Finanzlöcher zu stopfen. Was bleibt, ist die Forderung der Bundesbank gegen die griechische ›Schwesterbank‹, de facto ein Kredit, der inzwischen riesige Ausmaße angenommen hat und bei dem kaum Aussicht auf Rückführung besteht.

Beide Missstände – abgesenkte Sicherheitsanforderungen, Targetsalden – könnten leicht abgestellt werden, was aber nicht geschieht. Die Verantwortung dafür liegt eindeutig bei der EZB. Deren italienischer Präsident hat im Übrigen den Ankauf von fragwürdigen italienischen Staatspapieren im Umfang von knapp 100 Milliarden Euro zu verantworten. Eine dringend notwendige, sofortige Änderung dieser Missstände dürfte bei der ›Unabhängigkeit‹ der Zentralbank äußerst schwierig sein. Der Protest gegen diese Gepflogenheiten müsste aber zumindest s e h r viel lauter werden.

VII. Einige Gründe für die krisenhafte Entwicklung

Regelung der Wirtschaftsvorgänge ausschließlich durch die Justiz ist unzureichend. Wirtschaftstheoretiker haben sich zu weit von der realen Wirtschaft entfernt, sie denken oft zu ›monokausal‹.

Bis zum letzten Abschnitt wurden die Probleme der Finanzwirtschaft ausschließlich mit den Augen des Bank*praktikers* betrachtet. Ich schilderte, was sich in den letzten Jahren Neues entwickelt hat, und ich stellte fest, dass viele dieser Entwicklungen im *Bank- und Börsenbereich* als negativ, als ›*Defektmutationen*‹ anzusehen sind. Dabei ist zumindest die Tendenz möglicher Reformmaßnahmen klar abzulesen. Auf diese Weise dürfte ein wichtiger erster Schritt getan sein. Würde man die Thesen – aufgestellt von einem Praktiker – ernsthaft diskutieren, könnte dies der Anfang einer Umgestaltung sein.

Natürlich kann man zu dem Vorgetragenen weitere Fragen stellen: Wie kam es zu den Änderungen? Haben sich Grundeinstellungen, Reaktionen von Politikern, Beamten, Bankern, Zentralbankern, Ökonomen und Medienleuten geändert, und in welcher Weise?

Alle Institutionen, Handlungsweisen und Bankprodukte wurden früher von Praktikern bestimmt. Sie definierten das Ziel und legten fest, wie dieses zu erreichen ist. Die gefundenen Lösungen waren einfach, in ihrer Wirkung nachvollziehbar, und sie wurden allgemein akzeptiert. Verhielt sich ein Handelnder nicht ›systemkonform‹, das heißt, versuchte er, geltende Regeln zu durchbrechen, so wurde er von einer Autorität besitzenden Stelle (etwa von der Zentralbank oder dem Aufsicht führenden Ministerium) zurechtgewiesen. Wollte er nicht aus dem Kreis der Handelnden ausgeschlossen werden, so verblieb ihm kaum eine andere Möglichkeit, als sich wieder systemkonform zu verhalten. Die aus heutiger Sicht idyllischen Zustände haben sich inzwischen weitgehend verändert:

1. Die im Finanzbereich tätigen Akteure erkannten, dass man wesentlich höhere Gewinne erzielen kann, wenn man sich nicht

an die Regeln hält. Die Befreiung von den Regeln erfolgte aufgrund von Forderungen nach mehr Liberalität – mit der Begründung, dass eine entsprechende Regellosigkeit an anderen Finanzplätzen (wie beispielsweise London oder New York) selbstverständlich sei. Daraufhin wurden bewährte Grundsätze aufgegeben. *Deregulierung* war das Stichwort. Die Liberalisierung führte dazu, dass nach und nach alles als erlaubt galt, was nicht ausdrücklich *durch Gesetz, Verordnung oder durch eine letztrichterliche Instanz verboten war.*

Nun ist es bei unklaren Regelungen verhältnismäßig schwierig, eine höchstrichterliche Klärung herbeizuführen. Das ist ein Problem für jede Aufsichtsbehörde. Groß ist daher die Neigung, ein Verbot gar nicht erst auszusprechen.

Ungut ist auch, falls es zu einer juristischen Auseinandersetzung kommt, dass ein letztinstanzliches Urteil oft gar nicht gefällt wird. Ein *Vergleich* wird geschlossen, wobei der Beklagte eine riesige Summe bezahlt, jedoch keine Schulderklärung abgibt. Eine Klärung der anstehenden Fragen erfolgt also nicht, das heißt, *Gesetz und letztinstanzliche Entscheidung reichen als einzige Regelung wirt-*

schaftlicher Vorgänge nicht aus. Wir müssen *zurück zu einem sinnvollen wirtschaftlichen Denken.* Dazu muss die Zweckmäßigkeit der wirtschaftlichen Ziele laufend überprüft werden, um dann festzulegen, auf welche vernünftige Weise sie erreicht werden können. Ist dies erfolgt, muss eine Aufsichtsbehörde, besetzt mit erfahrenen und professionell ausgebildeten Mitarbeitern, die Einhaltung der Regeln überwachen, ohne dass diese Behörde allzu leicht durch juristische Winkelzüge ausgebremst werden kann.

2. Ich habe die frühere Regelung der Finanzmärkte als relativ überschaubar geschildert. Dabei waren Fehlentwicklungen schnell feststellbar und konnten abgeschafft werden. Inzwischen ist das Wirtschaftsgeschehen erheblich umfangreicher und komplizierter geworden, so dass zur Betrachtung und Überwachung ganz neue Methoden notwendig geworden sind. Dabei ergab sich die Übung, dass man *alle Geld- und Warenströme in Zahlen fasste* und in den hilfreichen *Computer* eingab. Über die gegenseitige Beeinflussung der Zahlenreihen entwickelten die Nationalökonomen ihre Theorien, die als Basis einer *Software* möglichst einfach sein mussten.

Betrachtete man die gegenseitigen Reaktionen zweier Wirtschaftsgrößen (beispielsweise Zins und Investition), so wurden weitere Einflüsse anderer Größen nicht berücksichtigt (›*Ceteris-paribus*-Bedingung‹), um das Modell einfach und mathematisch beherrschbar zu halten. Für die Entscheidungen der Wirtschaftssubjekte erfand man einen ›typisch reagierenden Wirtschaftsakteur‹, den *homo oeconomicus*. Das ergab natürlich keine vernünftige Abbildung der realen Zustände. Dazu kam, dass auch die grundlegenden Thesen der Wirtschaftswissenschaftler keineswegs allgemein akzeptiert waren. Da man sich aber auf die Ergebnisse der Computerberechnungen verließ, verkümmerte das Gefühl für die logischen Zusammenhänge, für die gegenseitigen Auswirkungen der einzelnen Wirtschaftsgrößen und die wechselseitige Beeinflussung der verschiedenen Faktoren und Stellschrauben. Um nur ein Beispiel zu geben: Der Nationalökonom MARCEL FRATZSCHER erläutert in einem SPIEGEL-Interview die Notwendigkeit niedriger Zinsen folgendermaßen: »Höhere Zinsen bedeuten weniger Kredite, weniger Kredite heißt weniger Wachstum, weniger Wachstum führt zu weniger Beschäftigung, zu mehr Pleiten, zu einer tieferen Rezession...«[8]. – Der Verkünder dieser Einsicht war bis 2012 in der EZB tätig. Seither führt er das DEUTSCHE INSTITUT FÜR WIRTSCHAFTSFORSCHUNG in Berlin. Wenn man diese abgehobene Triviallogik liest, versteht man, dass bei uns in der Geldpolitik einiges schief läuft.

Eine derart verkümmerte Erkenntnisfähigkeit führte zu einer entsprechend auf den Computer abgestimmten Vorgehensweise. Man überlegte nicht mehr, welche Institution, welche Bankpraxis sinnvoll ist und welche nicht. Solche Überprüfungen konnten ja nicht in Zahlen gefasst werden. Man beschränkte sich darauf, bei allen Bankgeschäften (wohl eher willkürlich) die dabei entstehenden Risiken zu berechnen, die wieder in Zahlen gefasst werden können, und dann wurde (wohl wieder weitgehend willkürlich) festgesetzt, wie viel Eigenkapital dafür vorgehalten werden muss. Das errechnete der Computer exakt.

Diese Berechnungen erfolgten zu einem Zeitpunkt, zu dem die zu überwachenden Bankgeschäfte längst ausgeführt waren.

Das Kind war also bereits in den Brunnen gefallen. Wenn die errechneten (nicht oder falsch berechneten) Verluste eintraten, konnte man nur hoffen, dass genügend Eigenkapital vorhanden ist, um die Verluste abzudecken. Das zugrunde liegende Übel wird dabei in keiner Weise beseitigt.

Ich habe oben auf die riesigen Summen verwiesen, die bei den Vergleichen mit den an der Misere schuldigen Banken vereinbart werden. Der bisher größte Deal wurde im November 2013 abgeschlossen. Die US-Bank JP MORGAN CHASE verabredete mit dem Justizministerium in Washington die Zahlung von 13 Milliarden US-Dollar für die Täuschung ihrer Kunden beim Verkauf von *Mortgage-Backed Securites* (MBS). Die Rolle, die Rating-Agenturen bei den Vorfällen gespielt haben, wurde offensichtlich von der Justiz nicht untersucht. Die SÜDDEUTSCHE ZEITUNG stellte dazu die durchaus berechtigte Frage: »Wie kommt es, dass die Amerikaner so hart mit ihren Banken umspringen und wir nicht?«[9]. Die 13 Milliarden Dollar dürfen auf keinen Fall bagatellisiert werden, und man kann schon gar nicht zur Tagesordnung übergehen. Sicher ist bei den Verhandlungen klar herausgearbeitet worden, was beim Verkauf der MBS unkorrekt war. Wenn dem so ist, wäre die einzig richtige Konsequenz die weltweite Ächtung der dabei geübten Verfahren. Erfolgt ist bisher nichts dergleichen.

Es kann doch nicht zur Regel werden, dass diese kriminellen Praktiken weiter ausgeübt werden, und Jahre später zahlt die involvierte Bank eventuell eine riesige Summe an den Finanzminister! Wir dürfen nicht nur Risiken berechnen, sondern müssen endlich entscheiden, welche Bankgeschäfte weiterhin getätigt werden dürfen und welche nicht. Hoffentlich gibt es noch Fachleute, die solche Fragen beantworten können.

Fehlleistungen in der Bankpraxis werden mindestens im zeitlichen Ablauf erkennbar, etwa wenn bei der Bilanzerstellung der Bad Bank FMS WERTMANAGEMENT, abgetrennt von der HYPO REAL ESTATE (HRE), die Summe von 55 Milliarden Euro falsch gebucht wird, ohne dass es am Anfang jemand bemerkt hätte – auch nicht der Wirtschaftsprüfer. Dies ist ein Beispiel für die Probleme der *›Mathematisierung‹ des Wirtschaftsgeschehens‹.* Das kritische Gefühl ist abhanden gekommen, ob eine Zahl in der Größenordnung stimmen kann oder nicht. Man akzeptiert, was der Computer errechnet. Eine *Plausibilitätsbetrachtung* ist nicht mehr möglich.

Über diese Zeichen offensichtlicher Fehlleistungen wird in den Medien zwar berichtet. Nach kurzer Zeit treten aber andere ›highlights‹ auf. Bei der *Fülle an Nachrichten* kommt der Beobachter kaum zum klärenden Nachdenken.

Und ein Weiteres: Wir bilden uns ein, *toleranter* geworden zu sein. Das hat aber auch eine negative Seite, nämlich wenn Toleranz auch gegenüber Fehlleistungen in der Wirtschaft (wie auch in anderen Bereichen) angewendet wird. Häufige Reaktionen: Das ist doch nicht so schlimm. So machen es doch alle. Das war ein Versuch – dann machen wir es halt anders (›trial and error‹) etc. Diese *Gleichgültigkeit*, diese *Wurstigkeit* oder, neudeutsch ausgedrückt: diese *›permissive society‹* verhindert, dass man bei offensichtlichen Störfällen den Ursachen nachgeht.

VIII. Bildungsstand der Bürger in Wirtschaftsfragen

Fehlende Kenntnisse über Wirtschaftsfragen bei den Bürgern führen vielfach zu Fehlurteilen; Gutmenschen.

Zum Abschluss sei noch auf ein grundsätzliches Problem hingewiesen, das eine vernünftige Entwicklung der Wirtschaft behindert: die weitgehende Unkenntnis der meisten Bürger gegenüber Fragen, wie die Wirtschaft gelenkt wird, was sie erreichen kann und was nicht als ihre Aufgabe angesehen werden darf. Dieses Problem wird beispielsweise dann offenkundig, wenn ernstzunehmende Kritiker behaupten, die Lösung der Probleme der Finanzkrise liege darin, dass die Beteiligten wieder zu ethischen Grundsätzen zurückkehrten und ihre Geschäfte nicht mehr so gierig betrieben, wie das derzeit der Brauch sei. Das klingt vernünftig und ehrenwert, ist aber nicht geeignet, unsere bestehenden Probleme im Bereich der Finanzen zu beheben. Einmal werden sich die Zocker in den Investmentbanken durch eine solche Mahnung kaum dazu bewegen lassen, ihr Gebaren zu ändern. Zum anderen führt auch der Hinweis auf die zu große Gier der Handelnden nicht wirklich weiter. Der Übergang von einem gesunden Gewinnstreben zur Gier ist fließend.

Was viele Mitbürger nicht begreifen, ist die Tatsache, dass das Wirtschaftsgeschehen nicht durch ethische Regeln gelenkt wird. Das glauben nur die sogenannten *›Gutmenschen‹*. Sie gehen davon aus, dass der Unternehmer mit seinen Beschlüssen Gutes tun muss. So soll er möglichst hohe Löhne bei einem großzügigen Mindestlohn zahlen oder in einer Krise keine Entlassungen vornehmen, damit kein Mitarbeiter arbeitslos wird. Handelt ein Unternehmer nach solchen Grundsätzen, so kann er selbst berechnen, wann er Konkurs anmelden muss.

Um einem Missverständnis vorzubeugen: Das hier Vorgebrachte bedeutet keinesfalls, dass die Entschlüsse der Handelnden in der Wirtschaft grundsätzlich amoralisch, unethisch, seien. Es bedeutet lediglich, dass ein simples Verständnis von ›Gut und

Böse‹ nicht ausreicht, um die Wirtschaft erfolgreich zu führen. Sie ist nicht Teil einer ethischen oder auch nur einer moraltheoretisch motivierten Vorgabe. Sie hat einen ganz bestimmten Zweck, nämlich den, die *Lebensbedürfnisse der Menschheit* zu befriedigen, und sie tut dies nicht aufgrund einer ›gottgewollten‹ Aufgabenstellung.

Die Bedürfnisse der Menschheit werden in einer *arbeitsteiligen Wirtschaft, die heute weltweit besteht,* befriedigt. Erzeugte Güter und bereitgestellte Dienstleistungen werden am *Markt* angeboten, früher zum Tausch, später gegen *Bezahlung in Geld*, das dann wieder zum Kauf von anderswo hergestellten Gütern verwendet wird. Soll dies optimal funktionieren, muss es sich um eine *konsequente Arbeitsteilung* handeln.

Es geht nicht an und kann auf Dauer nicht gut gehen, dass ein Teil der Menschheit produziert und ein anderer sich die notwendige Kaufkraft durch reine Spekulation beschafft und mit dieser auf den Gütermarkt geht. Ein solches Verhalten ist heute jedoch leider vielfach anzutreffen.

Weiter ist festzustellen, dass in unserem Wirtschaftssystem nicht aus ethischen

Überlegungen heraus gehandelt wird. Das Vorgehen des einzelnen ist weitgehend durch *egoistische Motive* bestimmt, das heißt, jeder versucht bei Produktion, Kauf und Verkauf möglichst erfolgreich zu sein. Dieser Bereich entzieht sich weitgehend den üblichen moraltheoretischen Grundsätzen. Ethische Forderungen können hier nur in besonderen Situationen erhoben werden. Sie dürfen aber nie dominieren.

Natürlich muss eine *akzeptable Verteilung von Gütern* angestrebt werden. Wirtschaftliches Handeln darf aber nicht generell durch die Frage, ›wo noch Ungerechtigkeit besteht‹, bestimmt werden, eine Ungerechtigkeit, die dann durch Transferzahlungen vom Staat ausgeglichen wird, ohne dass die Frage gestellt wird, woher die Mittel kommen. Eine finanzierbare Gerechtigkeit kann und soll angestrebt werden. *Die Frage nach Gerechtigkeit* kann aber nicht zur wichtigsten Frage werden. Eine Partei, die nur Gerechtigkeit fordert, sich um das Wohlergehen der Wirtschaft in keiner Weise kümmert, von ihr aber erwartet, dass sie alles finanziert, was im Streben nach Gerechtigkeit Geld kostet, ist nicht regierungsfähig. Bei einer solchen

Aufgabenstellung ist es kaum möglich, einen von *Vernunft und Verantwortung getragenen Haushalt* vorzulegen. Bei der Aufstellung der Finanzplanung muss sichergestellt sein, dass im Prinzip alle Ausgaben durch Einnahmen gedeckt sind. Als Ausnahme galt früher: Investitionen, die sich durch künftige Mehreinnahmen rentabel gestalten, können mit Schulden finanziert werden, wobei für die Investition und die entsprechende Schuldenaufnahme selten oder nie plausible Vorkalkulationen vorgelegt wurden.

Gelegentlich fordern auch heute noch Nationalökonomen solche Ausnahmeregeln. Funktionieren kann das aber nur bei einem zumindest weitgehend ausgeglichenen Haushalt, aber sicher nicht, wenn wie in der Bundesrepublik bereits 2 Billionen Euro Schulden der öffentlichen Haushalte bestehen.

Solche Feststellungen mögen für manchen etwas abstrakt klingen und vielleicht nicht leicht nachvollziehbar erscheinen. Wenn wir aber nicht in der Lage sind, in diesem Bereich ein Umdenken herbeizuführen, dürfte es schwer werden, notwendige Reformen durchzuführen.

1 Siehe ›Zu schön um wahr zu sein‹, in: DIE ZEIT vom 04.04.2013; siehe auch ›Wenn der Wunsch die Zweifel frisst‹, in: NEUE ZÜRCHER ZEITUNG vom 25.04.2013.

2 Siehe MICHAEL RASCH: ›Der blitzschnelle Börsenhandel braucht kein Tempolimit‹, in: NEUE ZÜRCHER ZEITUNG vom 10.03.2014.

3 Siehe Art. 119 (2) AEUV, Art. 127 (1) Satz 2 AEUV, Art. 2 Satz 2 ESZB-Satzung.

4 SÜDDEUTSCHE ZEITUNG vom 19.06.2013.

5 ABS – **a**sset-**b**acked **s**ecurities, forderungsbesicherte Wertpapiere.

6 Siehe HANS-WERNER SINN: ›Die Target-Falle‹. München [2]2012, S. 155 ff.

7 ibd., cap. 6, 8 und 9.

8 DER SPIEGEL 47/2013.

9 ›Die Flucht vor dem Restrisiko‹, in: SÜDDEUTSCHE ZEITUNG vom 20.11.2013.

Dank

Beim Schreiben dieser Zeilen hat mich meine Familie, besonders meine Frau, sehr unterstützt.

Mein Freund Friedrich Pfäfflin half mir, eine dem Thema angemessene Form zu finden, wofür ich ihm sehr dankbar bin.

Einige frühere Bankkollegen haben den Text gelesen und zum Teil kritisch kommentiert, was mir gelegentlich zu besseren Formulierungen geholfen hat.

Dankbar bin ich meinem Verleger, Herrn Christian Schön, dass er diese heftig gegen den Mainstream argumentierenden Thesen herausgeben will. Ihm wären – verständlicherweise – umfangreichere Ausführungen (›ein richtiges Buch‹) sympathischer gewesen. Ich meine jedoch, bei dieser zwingend notwendigen Kritik der herrschenden Zustände ist Präzision und Kürze von Vorteil.

Stuttgart, Herbst 2014

Über den Autor

Otto K. Deutelmoser, 1927 in München geboren, aufgewachsen in Amsterdam und in Oberschwaben, gehört zur Generation der Flakhelfer, die Krieg und Gefangenschaft noch am eigenen Leibe erfahren haben. In der Nachkriegszeit Abitur, Studium in Tübingen mit dem Abschluss Diplomvolkswirt (1953). Promotion (1959), Thema: ›Der Londoner Geldmarkt‹.

Deutelmoser war fast vier Jahrzehnte im Bankwesen tätig, zunächst bei der Commerzbank-Filiale in Stuttgart, längere Zeit in Frankfurt/Main, dann in Köln und Düsseldorf; in London bei der Midland Bank und in Paris bei Rothschild Frères. 1960-1968 Filialleiter der Commerzbank in Freiburg im Breisgau. 1968 Wechsel zunächst als Generalbevollmächtigter zur Handelsbank Heilbronn, 1972 Vorstandsmitglied: Er begleitete 1977 die Fusion der Handelsbank mit der Badischen und der Württembergischen Bank zur Baden-Württembergischen Bank. Von da bis zu seiner Pensionierung (1992) war Deutelmoser im Vorstand der BW-Bank.

Deutelmoser ist seit 1959 verheiratet, drei Kinder, fünf Enkel.

Veröffentlichungen: ›Die Banken der Gründerzeit in Mannheim und Stuttgart‹ (1988); ›Kilian Steiner und die Württembergische Vereinsbank‹ (2003; ^{2}2004); ›Die Ehrbarkeit und andere württembergische Eliten‹ (2010); ›Bank- und Börsenkrise‹ (2012).

***ibidem*-Verlag**

Melchiorstr. 15

D-70439 Stuttgart

info@ibidem-verlag.de

www.ibidem-verlag.de
www.ibidem.eu
www.edition-noema.de
www.autorenbetreuung.de